BEI GRIN MACHT SICH IHR
WISSEN BEZAHLT

Bibliografische Information der Deutschen Nationalbibliothek:

Die Deutsche Bibliothek verzeichnet diese Publikation in der Deutschen National-
bibliografie; detaillierte bibliografische Daten sind im Internet über http://dnb.d-
nb.de/ abrufbar.

Impressum:

Copyright © 2014 GRIN Verlag, Open Publishing GmbH
Druck und Bindung: Books on Demand GmbH, Norderstedt Germany
ISBN: 978-3-668-09128-3

Dieses Buch bei GRIN:

http://www.grin.com/de/e-book/310420/bundeslaender-und-ihre-mitwirkungsrechte-
in-der-europapolitik

Marcel K. Schwertel

Bundesländer und ihre Mitwirkungsrechte in der Europapolitik

Verzögerung der Integration?

GRIN Verlag

GRIN - Your knowledge has value

Der GRIN Verlag publiziert seit 1998 wissenschaftliche Arbeiten von Studenten, Hochschullehrern und anderen Akademikern als eBook und gedrucktes Buch. Die Verlagswebsite www.grin.com ist die ideale Plattform zur Veröffentlichung von Hausarbeiten, Abschlussarbeiten, wissenschaftlichen Aufsätzen, Dissertationen und Fachbüchern.

Besuchen Sie uns im Internet:

http://www.grin.com/

http://www.facebook.com/grincom

http://www.twitter.com/grin_com

Universität Trier - SoSe 2014

Fachbereich III / Politikwissenschaft

Lehrstuhl für Internationale Beziehungen und Außenpolitik: Dr. phil. Siegfried

Schieder Seminar: Deutsche Europapolitik

Führten die Forderungen der deutschen Bundesländer nach mehr Mitwirkungsrechten in der Europapolitik von 1986 bis 2009 zu einer Verzögerung der europäischen Integration?

Vorgelegt von:

Marcel Schwertel

Geschichte / Politikwissenschaft

Inhaltsverzeichnis

Einleitung

Seit dem Ende des Zweiten Weltkrieges, setzten die Staaten Europas alles daran, eine neue und friedlichere Ordnung, in West-, sowie später auch in Mittel- und Osteuropa aufzubauen. Besonders zu Beginn förderten die beiden Nachbarstaaten Frankreich und Deutschland gemeinsam den Prozess der wirtschaftlichen und geldpolitischen Einigung der europäischen Staaten. Der erste Schritt war die EGKS, die durch Robert Schuman und Jean Monnet mitbegründet wurde (Weidenfeld 2012: 103). Der voranschreitende Prozess dieser Vereinigung, führte zu sehr komplexen und interdependenten Strukturen innerhalb der Europäischen Union. Ein Teil davon ist unter anderem die Mitwirkung auf regionaler Ebene. Für diese regionale Ebene stehen in der Bundesrepublik Deutschland die verschiedenen Bundesländer.

Dabei ist Deutschland ein Sonderfall. Bis in das Jahr 1995 hinein war die Bundesrepublik das einzige Mitglied in der Europäischen Gemeinschaft, das, eine föderale Struktur (mit der Verbindung von Bundestag und Bundesrat) aufwies. Lediglich Belgien hatte ein ähnliches System mit Abgeordnetenkammer und Senat. Mit Österreich kam 1995 schließlich ein Land hinzu, dass mit Nationalrat und Bundesrat dem deutschen System sehr ähnlich ist (Faulenbach 2002: 43). Diese Arbeit möchte die Mitwirkung und Kompetenzen der sechzehn deutschen Bundesländer innerhalb der Europäischen Union näher beleuchten. Dabei wird ein Überblick über die verschiedenen Abschnitten der europäischen Integration gegeben, welche die deutschen Bundesländer betreffen. Die aufgezeigten Abschnitte sind dabei die Einheitliche Europäische Akte (EEA, 1986), sowie die später folgenden und zusammenhängenden Verfassungswerke von Maastricht (1992), Amsterdam (1997), Nizza (2003) und Lissabon (2009).

Nach jedem einzelnen Vertrag werden dann, die daraus entstehenden Veränderungen für Mitwirkung und die Kompetenzen der Bundesländer aufgezeigt. Die Theorie des *Domestizierungsansatzes* von Sebastian Harnisch (Harnisch 2006: 18-23) wird dabei dieser Arbeit zugrunde liegen, und soll die Kompetenzveränderungen analysieren. Im Verlaufe der Arbeit wird dabei auf den *Europaartikel 23* im deutschen Grundgesetz, sowie dem Grundsatz der Subsidiarität und die damit verbundenen Neuerungen für die deutschen Bundesländer aufgezeigt. Mit der Theorie von Harnisch und der Betrachtung der einzelnen Verträge, dem Europaartikel 23 und dem Subsidiaritätsprinzip soll die Fragestellung der Arbeit beantwortet, sowie die Hypothese bekräftigt oder widerlegt werden, welche in der Arbeit aufgestellt werden.

Domestizierungsansatz nach Sebastian Harnisch

Zuerst soll die Theorie des Domestizierungsansatzes von Sebastian Harnisch näher erläutert werden. Harnisch definiert den Prozess der Domestizierung folgendermaßen (Harnisch 2006):

„Domestication is a process by which domestic political actors aim at limiting the executive's autonomy in foreign policy through improved procedural participation and normative safeguarding clauses in both legislative acts and constitutional law as well as practices.".[1]

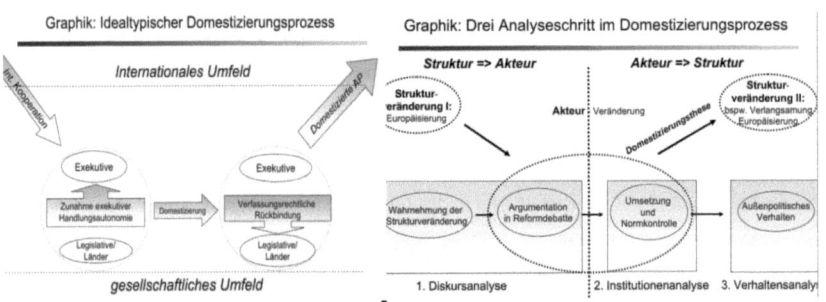

Quelle: http://www.uni-heidelberg.de/md/politik/harnisch/person/vortraege/unilandau2005.pdf

Harnischs Domestizierungsansatz gibt also an, dass ein bestimmter Akteur im nationalen Entscheidungsprozess Kompetenzverluste ausgleichen will, indem er eine, in der Verfassung verankerte, Mitwirkung in Bezug auf die Außenpolitik fordert. Der Prozess dieser Domestizierung wird durch drei Analyseschritte betrachtet und bewertet: Als ersten Schritt nennt er die Diskursanalyse. Hier wird analysiert wie Veränderungen (Europäisierung) der vorher geltenden Strukturen durch Akteure (Bundesländer) erkannt werden, und wie diese Akteure daraufhin eine Position in einer Reformdebatte einnehmen. In Schritt 2, der Institutionsanalyse, werden die aus der Reform entstandenen Veränderungen Umsetzungen (Europaartikel 23, Subsidiaritätsprinzip) untersucht. Sie werden so zu Vetospielern. Als letzter Schritt folgt die Verhaltensanalyse, in der das außenpolitische Verhalten der nationalen Akteure (deutsche Europapolitik) betrachtet wird. Diese Analyseschritte sollen auf die in der Arbeit untersuchten Verträgen angewendet werden, um die Mitwirkung und Veränderungen für und durch die Bundesländer besser einordnen und bewerten zu können. Der dritte Schritt soll hier jedoch auf weniger Beachtung stoßen, da vor allem die Forderungen der Länder und die Ergebnisse der Verträge analysiert werden sollen.

---

[1] Vgl.: http://www.uni-heidelberg.de/md/politik/harnisch/person/vortraege/harnisch_praesentationdomestication_birmingham.pdf
[Letzter Zugriff: 26.09.2014].

Relevanz und Fragestellung

Nun soll die Relevanz des Themas erörtert werden, und aus dieser Relevanz eine Fragestellung abgeleitet werden. Der Prozess der europäischen Integration ist bei Weitem nicht abgeschlossen und dabei wird die wechselseitige Wirkung zwischen Europäischer Union und den deutschen Bundesländern in den verschiedenen Politikbereichen, wie etwa der Bereich der Bildungspolitik, immer wieder stark berührt. Durch diese stets vorhandene Aktualität lässt sich eine sehr starke Relevanz bezeugen. Deutschland ist durch seine föderale Struktur ein Sonderfall in Europa, und so erfolgte nach der Einheitlichen Europäischen Akte und auch nach jedem der oben bereits erwähnten Verträge, immer eine Neubetrachtung und Diskussion der dann jeweils vorliegenden Sachverhalte bezüglich der Kompetenzen der Bundesländer gegenüber der Europäischen Union. Auch nach dem letzten Vertrag, dem Vertrag von Lissabon 2009, wurden solche Diskussionen geführt. Dabei standen immer besonders die Auswirkungen der europäischen Integration auf den deutschen Föderalismus im Fokus.

Besonders Rudolf Hrbek hat sich intensiv mit der Materie befasst. Für ihn gab es drei Arten, wie die Länder auf Veränderungen reagieren könnten. Durch Abwehr, durch Ausbau und Stärkung oder durch Aufbau und Entwicklung eigenständiger europapolitischer Aktivitäten (Hrbek 2001a: 272). Diese Formen werden alle in der Arbeit vorkommen. Auch Christiane Abels befasste sich 2013 mit Anpassung der Länder an den Vertrag von Lissabon. Das wichtigste Ergebnis ist für sie dabei besonders die Stärkung der Subsidiarität durch Lissabon (Abels 2013: 368).

Aber auch Sebastian Harnisch befasste sich mit seinem Domestizierungsansatz eingehend mit der Entwicklung der europäischen Integration im Zusammenhang der Kompetenzverluste der Bundesländer und deren Forderung nach mehr Mitwirkung zur Kompensation eben jener Kompetenzverluste (Harnisch 2009: 458f.). Harnisch bezweifelt neben Abels und Börzel (Börzel 2005: 52), dass lediglich die Exekutive durch die Europäisierung gestärkt wird (Roosen-Runge 2007: 20).

Diese Arbeit möchte die Frage beantworten, **ob die Forderungen der deutschen Bundesländer nach mehr Mitwirkungsrechten in der Europapolitik von 1986 bis 2009 zu einer Verzögerung der europäischen Integration führten.** Außerdem vertritt die Arbeit die Hypothese, **dass die Einbindung der Forderungen der Bundesländer an die Europäische Union die europäische Integration verlangsamt.**

4

Zum Schluss soll aufgrund der erzielten Ergebnisse ein Fazit die Hypothese bekräftigen oder widerlegen. Doch zuerst muss einmal ein Blick auf die aktuelle Lage in der komplexen Vernetzung der Bundesländer mit der Europäischen Union geworfen werden.

Grundlagen der Beziehungen zwischen den Bundesländern und Europäischer Union

Während die Bundesländer innerstaatliche Kompetenzen, und somit ihre Hoheitsrechte, an die supranationale Ebene der Europäischen Union abgaben, wurde versucht, einer kompletten Aushöhlung der Rechte der Bundesländer entgegenzuwirken, indem man den diese dafür politische Mitwirkungsrechte an der deutschen Europapolitik übertrug und sie somit an der Ausgestaltung der Prozesse in der europäischen Politik beteiligte. So erfolgte sukzessive eine inhaltliche und formale Stärkung für die Bundesländer (Hrbek 2001a: 267).

Die eigentliche Mitwirkung der Bundesländer an der Europapolitik erfolgt grundsätzlich durch den Bundesrat. Dabei werden Gesetzesvorschläge der Europäischen Union an eben jenen Bundesrat weitergegeben. Dort wird in den Fachausschüssen für das betroffene Politikfeld über das geplante Gesetz diskutiert und beraten.[2]

Danach wird es vom Bundesratsplenum beschlossen. In besonders dringenden Angelegenheiten, ein verkürztes Bundesratsverfahren durchgeführt, das hier aber nicht explizit ausgeführt werden soll. Ein Teil der Mitwirkungsrechte sind Vertreter des Bundesrates, welche als Minister eines bestimmten Fachgebietes, das ausschließlich unter die Zuständigkeit der Länder fällt, auf Ratstagungen der EU teilnehmen.

Dort sollen sie die Position der Länder vertreten und bei veränderten Bedingungen den Bundesrat unterrichten, damit dieser eine mögliche neue Position einnimmt. Wichtige weitere Instrumente sind der *Ausschuss der Regionen* und die Vertretungen der deutschen Bundesländer in Brüssel (Holeschovsky 2012: 589f.). Über den Ausschuss der Regionen wird im Verlaufe dieser Arbeit noch einmal Bezug genommen. Ein wichtiger Punkt im Verhältnis von Ländern und EU ist der Grundsatz der Subsidiarität, welcher bestimmt, in welche Bereiche die Europäische Union eine Zuständigkeit besitzt, und welche Bereiche ausschließlich in die nationale oder regionale Politik fallen. So sollen Entscheidungen, die die regionale Politik betreffen, direkt mit den betroffenen Bürgern getroffen werden.[3]

---

[2] Vgl.: http://www.auswaertiges-amt.de/DE/Europa/DeutschlandInEuropa/MitwirkungBundesrat_node.html [Letzter Zugriff: 26.09.2014].
[3] Vgl.: http://europa.eu/legislation_summaries/institutional_affairs/treaties/lisbon_treaty/ai0017_de.htm [Letzter Zugriff: 26.09.2014].

Die Einheitliche Europäische Akte (1985-87)

Die Einheitliche Europäische Akte (EEA) trat am 01. Juli 1987 in Kraft und ergänzte die drei Gründungsverträge der Europäischen Gemeinschaft (EG), die sogenannten Römischen Verträge. Diese bestanden aus dem Vertrag der Europäischen Wirtschaftsgemeinschaft (EWG), dem EURATOM-Vertrag, sowie dem Abkommen über gemeinsame Organe für die Europäischen Gemeinschaften. Diese traten wiederum 1958 in Kraft und bildeten zusammen mit der Europäischen Gemeinschaft für Kohle und Stahl (EGKS) die Europäische Gemeinschaft, den Vorgänger der Europäischen Union. Die Einheitliche Europäische Akte kann durchaus als erster Reformschritt in der europäischen Integration gesehen werden, da hier die Grundlagen für die weiteren Reformverträge gelegt wurden.[4] Doch konnten bei dem Treffen der Regierungschefs in Luxemburg 1985 in erster Linie lediglich eine Annäherungen an eine Vollendung des gemeinsamen Binnenmarktes, sowie eine Einigung über die Rechte des Europäischen Parlamentes erzielt werden.

Doch bereits hier zeigte sich schon eine ablehnende Haltung der Bundesländer gegenüber der EEA. Die bayrische Staatsregierung kritisierte damals, die Akte greife ohne jegliche Notwendigkeit, in die Hoheitsrechte der Bundesländer ein. Dies ist, nach Hrbek, ein als „Abwehr" zu kennzeichnendes Verhalten, und in der Diskursanalyse von Harnisch eine Reaktion auf die zunehmende Handlungsautonomie der Exekutive. So formierte sich ein Widerstand der Länder, der, für die Zustimmung der Akte, eine größere Beteiligung durch eine institutionelle und formale Stärkung ihrer Position innerhalb des Gefüges der EU forderte (Fuhrmann-Mittlmeier 1991: 280-282). So sollte eine Übertragung von Hoheitsrechten nach Artikel 24 GG auf die europäische Ebene erst nach der Zustimmung des Bundesrates möglich sein. [5] So wurden Debatten über den Grundsatz der Subsidiarität, die durch die Integration zukünftige föderale Struktur in Deutschland und den Eigenwert der Regionen in Bundestag und Bundesrat aufgenommen. Zudem wurde eine Ergänzung des Artikels 2 des Gesetzes zu den Römischen Verträgen vorgeschlagen. So sollte der Bundesrat nicht mehr nur laufend informiert werden, sondern die Länder frühere Mitwirkung erhalten und die Bundesregierung sollte stärker an Stellungnahmen des Bundesrates, in den Bereichen in denen die Interessen der Länder angetastet würden, gebunden werden. Durch diese Vorgänge geriet die Ratifizierung der EEA in Deutschland unter großen Zeitdruck.

---

[4] Vgl.: http://www.eu-info.de/europa/eu-vertraege/eu-gruendungsvertrag/ [Letzter Zugriff: 26.09.2014].
[5] Vgl.: http://dejure.org/gesetze/GG/24.html [Letzter Zugriff: 26.09.2014].

Dieser Teil der Diskuranalyse lässt erstmals die Vermutung zu, dass die Integration verzögert wird. Dennoch wurde Artikel 2 schließlich ratifiziert. In Bezug auf die Subsidiarität jedoch wurden die Forderungen jedoch nicht in dem Maße, wie es sich die Länder erhofft hatten erfüllt (Fuhrmann-Mittlmeier 1991: 284f.). In Bezug auf Harnischs Institutionsanalyse ergibt sich eine vertraglich festgeschriebene Neuerungen in der „Verzahnung" von Länder und EU, und somit eine Rückbindung. Außerdem wurde mit Artikel 2 eine wesentliche Forderung der Bundesländer umgesetzt.

Der Vertrag von Maastricht (1992/93)

Der Vertrag von Maastricht führte zu einer ersten größeren Veränderung bezüglich der Kompetenzen der deutschen Bundesländer sowie anderer regionalen Gebiete in Europa. Der, auch von den Bundesländern stark geforderte, Ausschuss der Regionen wurde installiert.[6] Er fungiert als ein Beratungsgremium beziehungsweise als Vermittler zwischen dem Organen und Institutionen der EU und den Regionen. Hiermit wurde also erstmals durch den, von den Regionen geführten, Diskurs eine richtige Institution für eben jene Regionen geschaffen. Zwar besitzt dieser kein direktes Mitspracherecht, dennoch muss er in bestimmten Bereichen, wie etwa Bildung, Kultur oder das Gesundheitswesen durch vom Europäischen Parlament, dem Europäischen Rat oder Europäischen Kommission angehört werden.

Somit wird eine direkte Bindung zu den betroffenen Regionen hergestellt, und Erfahrungsberichte aus diesen können in den Entscheidungsprozess miteinbezogen werden. Dies kann man als eine Rückbindung nach Harnisch analysieren. Daneben besitzt er ein *Selbstbefassungsrecht*, welches besagt, dass dich der Ausschuss ohne Auftrag mit Themen befassen kann, die er als wichtig einstuft. Außerdem schafften die Bundesländer eigene Vertretungen in Brüssel, sowie Europaministerien, die sich zur Europaministerkonferenz zusammenschlossen, um die Mitwirkung in Brüssel kompetent zu regeln und um immer informiert zu sein (Faulenbach 2002: 45). Zudem wurde mit dem Vertrag eine neue gesetzliche Regelung bezüglich der Mitwirkung von Bundestag und Bundesrat, und damit auch der Bundesländer, auf europäischer Ebene, in das deutsche Grundgesetz aufgenommen (Baier 2006: 31-33). Damit ist der sogenannte „Europartikel", also Artikel 23 des Grundgesetzes gemeint (Calliess 2000: 14ff.). Mit diesem Artikel wurde die Mitwirkung der deutschen Parlamente sogar in die Verfassung aufgenommen. Das Gesetz nennt sich *„Gesetz über die Zusammenarbeit von Bund und Ländern in Angelegenheiten der Europäischen Union*

---

[6] Vgl.: http://www.bundesregierung.de/Webs/Breg/DE/Themen/Europa/Funktion/ausschuss_der_regionen/_node .html [Letzter Zugriff: 26.09.2014]

als Ausführungsgesetz", kurz EUZBLG, und regelt die Verfahren der Beteiligung der Bundesländer am europäischen Politikprozess. Zudem gibt es eine gesonderte Regelung über die das Verhältnis zwischen Bund und Ländern innerhalb dieses Gesetzes. Der genaue Wortlaut des Artikels ist folgender:

> *„Zur Verwirklichung eines vereinten Europas wirkt die Bundesrepublik Deutschland bei der Entwicklung der Europäischen Union mit [...]. Der Bund kann hierzu durch Gesetz mit Zustimmung des Bundesrates Hoheitsrechte übertragen. Für die Begründung der Europäischen Union sowie für Änderungen ihrer vertraglichen Grundlagen und vergleichbare Regelungen, durch die dieses Grundgesetz seinem Inhalt nach geändert oder ergänzt wird oder solche Änderungen oder Ergänzungen ermöglicht werden, gilt Artikel 79 Abs. 2 und 3 ".* [7]

Hier wird also erstmals, ein in der Verfassung verankertes Gesetz zur Sicherung der Rechte der Bundesländer internalisiert. Somit ist die verfassungsrechtliche Rückbindung, die zu einer domestizierten Außenpolitik führt, gegeben. Dies ist ein großer Schritt in Richtung des Ausgleiches von Kompetenzverlusten. Daneben gab es eine weitere Veränderung, und zwar die Aufnahme des Subsidiaritätsprinzips in die europäischen Verträge. Es sollte versichern, dass Entscheidungen so bürgernah wie möglich getroffen werden. Dies wird durch Artikel 5 EUV geregelt. Dabei ist Absatz 2 dieses Artikels von entscheidender Bedeutung: [8]

> *„Nach dem Grundsatz der begrenzten Einzelermächtigung wird die Union nur innerhalb der Grenzen der Zuständigkeiten tätig, die die Mitgliedstaaten ihr in den Verträgen zur Verwirklichung der darin niedergelegten Ziele übertragen haben. Alle der Union nicht in den Verträgen übertragenen Zuständigkeiten verbleiben bei den Mitgliedstaaten. "*

Durch das Subsidiaritätsprinzip, wurden die Mitwirkungsrechte der Regionen, also auch der Bundesländer noch weiter gestärkt. Auch hier ist eine Rückbindung erfolgt. Dennoch wurde die subnationale Ebene nicht ausdrücklich erwähnt und somit waren mögliche weitere Kompetenzverlagerungen nicht auszuschließen (Faulenbach 2002: 47). Mit Maastricht wurden der Diskurs der Länder, und deren Forderungen, die erneut in Reformprozess aufgenommen wurden, erstmals zur Grundlage einer verfassungsrechtlichen Rückbindung. Dadurch wurde die Außenpolitik der Exekutive in Deutschland erstmals eingeschränkt, da der Bundesrat erst zustimmen muss, damit neue Regelungen in Kraft treten können. Hier kann den Ablauf der Domestizierung sehr gut erkennen, da die nicht erfüllten Forderungen von 1986 wieder aufgenommen wurden, und in Artikel 23 GG und Artikel 5 EUV führten.

---

[7] Vgl.: http://dejure.org/gesetze/GG/23.html [Letzter Zugriff: 26.09.2014].
[8] http://www.europarl.europa.eu/brussels/website/media/Basis/Vertragsartikel/Pdf/Art_5_EUV.pdf [Letzter Zugriff: 26.09.2014].

Der Vertrag von Amsterdam (1997-99)

Im Vorlauf des Vertrages von Amsterdam zeigten sich die Bundesländer zwar weniger geeint als noch beim Vertrag von Maastricht, dennoch reagierten sie auf die Veränderungen und deren Auswirkungen und so formulierte die Europaministerkonferenz vier Forderungen, welche durch die Ministerpräsidenten der Bundesländer gebilligt wurden und als Votum des Bundesrates an die Bundesregierung weitergeleitet wurde (Nanz 1997: 226ff.). Generell wurde eine größere Bürgernähe gefordert, um diese zu erreichen wurden vier Forderungen gestellt (Hrbek 2001b: 59-62):

1. Das Subsidiaritätsprinzip sollte genauer gefasst werden und seine Anwendung klarer eingegrenzt werden.

2. Es sollte ein Kompetenzkatalog erstellt werden, in dem die darin enthaltenden Kompetenzen auf die europäische, die nationale (Bund) und regionale (Länder) Ebene, mit eigenen Gesetzgebungsbefugnissen, verteilt werden sollten.

3. Der Ausschuss der Regionen sollte mehr Kompetenzen erhalten und gestärkt werden.

4. Die Länder verlangten ein Klagerecht vor dem Europäischen Gerichtshof (EuGH).

Mit dem Vertrag von Amsterdam erhielt der Ausschuss der Regionen weitere Kompetenzen. Darunter die Befugnisse, einen eigenen organisatorischen Unterbauch zu besitzen und sich selbst eine eigene Geschäftsordnung zu geben. Außerdem wurden die Fälle der Anhörungen auf Gebiete wie Bildung oder Verkehr ausgeweitet und der Ausschuss hat seitdem die Möglichkeit, vom Europäischen Parlament gehört zu werden (Faulenbach 2002: 45). Eine weitere Errungenschaft war das Subsidiaritätsprotokoll, welches als Kontrolle dient. Dabei sollen während der Ausarbeitung von Gesetzentwürfen, diese von Kommission in einem Grünbuch festgehalten werden, welches dann den betroffenen nationalen und regionalen Stellen zur Prüfung vorgelegt werden soll. Damit soll der Grundsatz der Subsidiarität gewahrt werden.[9] Auch beim Vertrag von Amsterdam zeigt sich in der Diskursanalyse, dass die Länder auf die Neuerungen reagieren, auch wenn sie längst nicht so vereint waren, wie noch beim Vertrag von Maastricht. Diesmal wurde keine neue Institution wie den Ausschuss der Regionen geschafft, dennoch wurde durch das Subsidiaritätsprotokoll eine Normkontrolle durchgesetzt. Insgesamt traten die Bundesländer aber nicht wirklich als ein Vetospieler auf, wie Harnisch in seinem Ansatz anführt. Die Länder zielten lediglich darauf ab, dass ihre noch nicht berücksichtigten Forderungen aber dann im neuen Reformvertrag enthalten sein werden. Dies wurde wenigstens teilweise erreicht.

---

[9] http://europa.eu/legislation_summaries/institutional_affairs/treaties/lisbon_treaty/ai0017_de.htm

Der Vertrag von Nizza (2001)

Vor dem Vertrag von Nizza, konnte bei den Bundesländern im Diskurs wieder eine gemeinsame Linie für ihre Interessen, bezüglich der Mitwirkung und Kompetenzsicherung, festgestellt werden. Damit wurde wieder auf die Situation nach Amsterdam reagiert. Und wieder wurden Forderungen formuliert, um die seit dem Vertrag von Amsterdam erkannten Probleme zu beseitigen. Diesmal wurden sogar fünf wesentliche Punkte gestellt (Hrbek 2001b):

1. Es wurde erneut gefordert, dass dem Ausschuss der Regionen ein Klagerecht eingeräumt werden sollte. Dies sollte durch ein Fragerecht des Ausschusses gegenüber der Europäischen Kommission ergänzt werden.
2. Das Prinzip der kommunalen Selbstverwaltung sollte vertraglich verankert werden.
3. Der bereits Vertrag von Amsterdam geforderte Kompetenzkatalog wurde erneut gefordert.
4. Ein weiterer Punkt war die Errichtung der „Daseinsvorsorge", welche die die Landesbanken oder öffentlich-rechtliche Sender schützen und somit dem europäischen Wettbewerbs- und Beihilferecht entzogen werden sollte.[10]
5. Die letzte Forderung betraf die Abstimmungen im Rat der Europäischen Union. Hier entstand eine Diskussion, ob eine grundsätzliche Mehrheitsentscheidung für eine wirksame Durchsetzung von Länderinteressen geeignet sei, oder ob nicht in bestimmten Fällen eine Einstimmigkeit erforderlich sein solle, um die Rechte und Zuständigkeiten der Länder besser zu schützen. Die Länder wollten eine Einschränkung ihrer Befugnisse mit allen Mitteln verhindern.

Besonders bei den Punkten drei bis fünf kann man die Kernanliegen der Bundesländer erkennen. Dabei entstand eine Debatte darüber, ob die Länder, entgegen ihrem bisherigen Verhalten der Vergangenheit, erstmals eine Ratifizierung eines Reformvertrages blockieren würden, falls ihre Forderungen nicht wie gewünscht umgesetzt werden würden. Dies war eine erste wirkliche Stellungnahme der Länder, als möglicher als Vetospieler gegenüber der EU. Später wurden die Forderungen der Kompetenzverteilung von der laufenden Regierungskonferenz im Jahr 2000 auf eine weitere Regierungskonferenz im Jahr 2004 verschoben, damit Bund und Länder eine gemeinsame Position in der Europapolitik beziehen. Formal jedoch wurden Subsidiarität und die Kompetenzverteilungen in die europäische

---

[10] http://www.bpb.de/apuz/25266/die-europaeisierung-des-deutschen-foederalismus?p=all

Verfassungsdebatte eingebunden.[11] Die genaue Präzisierung sollte dann im „Post-Nizza Prozess" bis 2004 in einer „Erklärung zur Zukunft der Union" erfolgen.[12]

Hierbei ging es dann um die Abgrenzung der Zuständigkeitsbereiche der EU und ihrer Gliedstaaten, die Rolle der nationalen Parlamente innerhalb der europapolitischen Struktur, dem rechtlichen Status der Charta der Grundrechte sowie die Vereinfachung der europäischen Verträge. So führten die Forderungen der Länder zu einer teilweisen Umsetzung, aber viele wichtige Punkte wurden aufgeschoben um in einer weiteren Reformdebatte zu enden. Es wurden weder eine neue Institution geschaffen, noch wurden weitere Maßnahmen zur Kontrolle der Subsidiarität implementiert. Dennoch wurde zugesichert, dass sich mit diesen Themen befasst werden soll, was man eventuell als eine Art Rücksicherung sehen kann auch wenn im Endeffekt nur wenige Ansätze von einer Domestizierung erkennen kann (Schmuck 2010: S. 255-257).

Vertrag von Lissabon (2009)

Die Ergebnisse nach Nizza waren für die Bundesländer und die anderen Regionen in Europa nicht zufriedenstellend. So entstand ein neuer Diskurs zwischen den Bundesländern, der Regierung und der EU. Aus der Ländersicht waren nämlich nur unzureichende institutionelle Reformen erfolgt. Vor allem die Verschiebung der genauer definierten Kompetenzverteilungen der Europäischen Union, seiner Mitglieder und der Regionen missfiel den Ländern (Schmuck 2010: 262) Immerhin wurde mit der bereits erwähnten „Erklärung zur Zukunft der Union" eine weitere Reformrunde im Vertrag von Nizza zugesichert. Daraufhin erfolgte die Laeken-Erklärung im Dezember 2001, welche zur Installation des europäischen Verfassungskonventes führte (Läufer 2002: 367ff.). Dies ist eine geplante Phase der Schaffung der Installation Im Vorlauf der Verhandlungen über die Verfassung, formulierten die Bundesländer im Rahmen einer Europaministerkonferenz neue Forderungen an den Verfassungskonvent (Schmuck 2010: 263-265):

1. Der Verfassungsvertrag sollte klar und deutlich formuliert sein, und dabei die konstitutiven Grundsätze beinhalten und die Zuständigkeiten und Entscheidungsverfahren der EU genauestens festgehalten werden.

2. Die Grundrechtecharta sollte verbindlich in den Vertrag aufgenommen werden.

---

[11] http://www.whi-berlin.eu/documents/whi-paper0803.pdf
[12] http://www.bpb.de/nachschlagen/lexika/177205/post-nizza-prozess

3. Es sollten Kompetenzkategorien innerhalb der EU eingeführt werden, die die Zuständigkeit der EU, der nationalen und der regionalen Ebene genauer definieren sollte.

4. Demokratie, Transparenz und Effizienz sollten gesteigert werden. Dazu soll die EU als Staatenverbund auf einer europäischen und mitgliedstaatlichen Legitimation beruhen.

5. Der Ausschuss der Regionen sollte weiter gestärkt werden, durch ein Klagerecht beim EuGH um eigene Rechte schützen, und die Einhaltung des Subsidiaritätsprinzips kontrollieren zu können.

6. Zudem sollten die Regionen auch ein direktes Klagerecht erhalten.

7. Schließlich sollte die bereits verankerte nationale Identität der Gliedstaaten auch das kommunale Selbstverwaltungsrecht miteinschließen.

Letztendlich scheiterte die Umsetzung der Verfassung im Jahr 2006 an Referenden in Frankreich und den Niederlanden im Jahr 2005. So wurde stattdessen ein erneuter Reformvertrag ohne Verfassungscharakter beschlossen, was schließlich im Vertrag von Lissabon mündete. Die komplette verfassungsrechtliche Rückbindung erfolgte also dieses Mal nicht, wenngleich nur am Widerstand anderer Nationen. Ansonsten wären die Forderungen in die europäische Verfassung aufgenommen worden(Schmuck: 263).

In diesem Vertrag von Lissabon wurden also die meisten Ziele der Bundesländer erreicht. Der Ausschuss der Regionen erhielt umfangreiche Kompetenzen.[13] Darunter das Klagerecht gegenüber dem EuGH, und ein verbessertes Protokoll zur Kontrolle des Subsidiaritätsprinzips, welche seitdem genauer definiert sind und ein „Frühwarnsystem" umfasst, durch das die Staaten und Regionen, bei dem Verdacht eines Verstoßes, eine Stellungnahme der Kommission einfordern können (Schmuck: 265f.). Die einzelnen Regionen erhielten jedoch kein direktes Klagerecht.

Die kommunale und regionale Selbstverwaltung wurde genauso in den Vertrag aufgenommen, wie die präzisere Zuständigkeitsverteilung innerhalb Europas und damit einhergehend die Stärkung des Subsidiaritätsprinzips in all seinen Facetten. Die Inhalte des Vertrages von Lissabon decken sich fast vollständig mit den Forderungen der Länder. Natürlich konnten die Forderungen an eine Europaverfassung nicht umgesetzt werden, da die Verfassung letztlich nicht umgesetzt wurde. Dennoch kann man aus der Analyse des Domestizierungsprozess sehr wohl davon sprechen, dass der Diskurs zu einer Veränderung mit neuen Arten der Kontrolle und Mitwirkung führte. Und damit wurde die Außenpolitik

---

[13] http://www.bpb.de/nachschlagen/lexika/177205/post-nizza-prozess

Deutschlands durch den Vertrag von Lissabon weiter domestiziert. Wenn man den Weg von der Einheitlichen Europäischen Akte bis hin zum Vertrag von Portugal betrachtet, dann muss der gesamte Zeitraum unter die Analyse des Domestizierungsansatzes fallen. Man kann nicht nur einen Vertrag beleuchten, da die Forderungen an diesen, aus dem Ergebnis des vorherigen Vertrages entspringen. Dies sollte hier auch umgesetzt werden.

Schlussbetrachtung

Diese Arbeit wollte die Frage beantworten, ob es durch die Forderungen der deutschen Bundesländer nach mehr Mitwirkungsrechten bei der Europapolitik im Zuge der europäischen Integration zwischen 1986 und 2009 zu einer Verzögerung kam. Wenn man sich vor Augen hält, dass die Bundesländer den Verlust ihre hoheitlichen Kompetenzen, lediglich durch eine verstärkte Mitwirkung am europäischen Politikprozess zu kompensieren versuchten, kann man nicht davon sprechen, dass sie die europäische Integration verlangsamen.

Der Domestizierungsansatz kommt hier sehr gut zur Geltung. Die Bundesländer reagieren fast ausschließlich auf die Veränderungen. Dabei fördern sie den Prozess der Integration, da sie durch ihre Forderungen einen Diskurs herbei führen der im Prinzip nur darauf zielt, eine engere Bindung an Europa herzustellen, auch wenn dies nur deshalb geschieht, weil die Befürchtung besteht, sie könnten noch mehr Kompetenzen verlieren.

Dies geschieht in einer fortlaufenden Kontinuität. (Abels 2013: 371) Spätestens mit dem Vertrag von Lissabon und der Erfüllung der wesentlichen Kernforderung der Bundesländer, kann man auch nicht mehr wirklich davon ausgehen, dass die Handlungsfähigkeit der EU und der Bundesrepublik wirklich bedroht sind. Auch wenn beispielsweise, der Bundesrat in Deutschland seine Macht ausgeweitet hat. (Abels 2013: 372) Dennoch muss eine Balance zwischen einem Europa der Regionen und eine starke Handlungsfähigkeit von Nationalstaaten und Europa hergestellt werden. Trotz einer Stärkung der Regionen wird die grundsätzliche Politik von den Nationen oder Europa geführt werden, und nicht dass die Mitwirkung der Bundesländer dafür eine potentielle Gefahr darstellt (Faulenbach 2002: 49)

Mit diesen Erkenntnissen muss die anfangs gestellte Hypothese, dass die Einbindung der Forderungen der Bundesländer an die Europäische Union die europäische Integration verlangsame negiert werden. Politik, egal ob in den Nationalstaaten oder Europa wird immer mit langen Prozessen und Konsensfindungen verbunden sein. Daher kann man zu dem Schluss kommen, dass die europäische Integration durch Forderungen von verschiedenen Regionen nur verbessert und gefördert, jedoch nicht verlangsamt wird.

Literatur- und Quellenverzeichnis:

- Abels, Gabriele: Adapting to Lisbon: Reforming the Role of German Landesparlamente in EU Affairs, German Politics, 2013.

- Baier, Christina: Bundesstaat und Europäische Integration, Berlin 2006.

- Börzel, Tanja A.: Europeanization: How the European Union Interacts with its Member States, in: Bulmer, Simon/Lequesne, Christian (Hrsg.): The member States of the European Union, Oxford 2005. (S. 44-64).

- Calliess, Christian: Innerstaatliche Mitwirkungsrechte der deutschen Bundesländer nach Artikel 23 GG und ihre Sicherung auf europäischer Ebene, in: Hrbek, Rudolf (Hrsg.): Europapolitik und Bundesstaatsprinzip, Baden-Baden 2000. (S. 13-26).

- Holeschovsky, Christine: Mitwirkungsrechte der deutschen Länder. In: Bergmann (Hrsg.), Handlexikon der Europäischen Union. Baden-Baden 2012 (S. 589-591).

- Hrbek Rudolf: Die deutschen Länder und das Vertragswerk von Nizza, in: Jopp, Mathias/Lippert Barbara/Schneider, Heinrich (Hrsg.): Das Vertragswerk von Nizza und die Zukunft der Europäischen Union, Bonn 2001. (S. 58-69).

- Hrbek Rudolf: Deutscher Föderalismus als Hemmschuh für die europäische Integration?, in: Schneider, Heinrich/Jopp, Mathias/Schmalz, Uwe, Berlin 2001 (S. 267-298).

- Faulenbach, Jürgen/Bundeszentrale für Politische Bildung (Hrsg.): Föderalismus in Deutschland, München 2002.

- Läufer, Thomas (Hrsg.): Vertrag von Nizza, Bonn 2002.

- Fuhrmann-Mittlmeier, Doris: Die deutschen Länder im Prozess der Europäischen Einigung, Berlin 1991.

- Nanz, Klaus-Peter: Der Vertrag von Amsterdam – Materialien, in: Schelter, Kurt/Hoyer Werner (Hrsg.): Schriften zur Europäischen Integration, Band 3, Starnberg 1997.

- Roosen-Runge, Grischa: Die europapolitische Mitwirkung der deutschen Länder, Trier 2007.

- Schmuck, Otto: Die deutschen Länder und der europäische Reformprozess, in: Leiße, Olaf: Die Europäische Union nach dem Vertrag von Lissabon, Wiesbaden 2010. (S. 255-268).

- Weidenfeld, Werner: Die neue deutsche Europapolitik, in: Meier-Walser, Reinhard/Wolf, Alexander (Hrsg.): Die Außenpolitik der Bundesrepublik Deutschland, München 2012. (S. 101-108).

- http://dejure.org/gesetze/GG/23.html (Fassung aufgrund des Gesetzes zur Änderung des Grundgesetzes (Artikel 23, 45 und 93) vom 08.10.2008 (BGBl. I S. 1926) m.W.v. 01.12.2009). [Zuletzt konsultiert am 26.09.2014].

- http://www.europarl.europa.eu/brussels/website/media/Basis/Vertragsartikel/Pdf/Art_5_EUV.pdf. [Zuletzt konsultiert am 26.09.2014].

- http://www.eu-info.de/europa/6326/. [Zuletzt konsultiert am 26.09.2014].

- http://www.bpb.de/apuz/25266/die-europaeisierung-des-deutschen-foederalismus?p=all. [Zuletzt konsultiert am 26.09.2014].

- http://europa.eu/legislation_summaries/institutional_affairs/treaties/lisbon_treaty/ai00 17_de.htm. [Zuletzt konsultiert am 26.09.2014].

- http://www.uni-heidelberg.de/md/politik/harnisch/person/vortraege/unilandau2005.pdf. [Zuletzt konsultiert am 26.09.2014].

- http://www.uni-heidelberg.de/md/politik/harnisch/person/vortraege/harnisch_praesentationdomesticati on_birmingham.pdf. [Zuletzt konsultiert am 26.09.2014].